MW01618352

Pour Antoine
Carl

Pour Ysé
Claude

Loi N° 49 956 du 16 juillet 1949,
sur les publications destinées à la jeunesse:
mars 2004.
Dépôt légal: mars 2004

Mise en pages: *Architexte*, Bruxelles
Photogravure: *Photolitho AG*, Gossau-Zürich
Imprimé en Italie par *Grafiche AZ*, Vérone

LES MOTS DOUX

Texte de Carl Norac
illustrations de Claude K. Dubois

PASTEL
l'école des loisirs

Ce matin, Lola se réveille avec des mots doux dans la bouche.

– Ils sont là, dit-elle, je les sens gonfler sous mes joues.

Lola voudrait dire ses mots doux à Papa.
Mais il est trop tard. Papa s’en va.

Lola voudrait dire ses mots doux à Maman.
Mais Maman est très pressée.

– Maman, je voudrais te dire…, chuchote Lola.
– Tout à l'heure, ma chérie, répond aussitôt Maman, tu vas être en retard à l'école.

Dans l’autobus, il y a trop de bruit pour dire des mots doux.

Dans la cour de l'école, Lola s'approche de la maîtresse.
Mais Madame câline déjà un petit dans ses bras.

Son voisin de banc n'est pas assez mignon.
Il n'aura pas ses mots doux.

A midi, dans la salle orange, tout le monde mastique.
Lola se tait.
Les mots doux, pense-t-elle, cela ne se mastique pas.

C’est la récré. L’ambiance est à la ronde.
Lola n’arrive pas à placer un mot, surtout pas un mot doux.

A la sortie, voilà Frankie, le roi du skate, qui déboule dans la rue. Frankie est l'amoureux de Lola. C'est à lui qu'elle veut offrir ses mots doux les plus doux.

Le mufle ! Il passe sous le nez de Lola sans s'arrêter, sans lui parler, sans attendre ses mots doux.

Dans l'autobus, il y a toujours trop de bruit. De toute façon, maintenant, Lola boude.

A la maison, en tournant en rond dans le salon, Lola boude.

Quand ses parents arrivent, Lola boude encore.

Elle n'a plus envie du tout de dire ses mots doux…

Au repas du soir, la viande lui paraît dure, la salade semble dure, les pommes sont dures et la limonade est sans goût.

– Qu'est-ce que tu as Lola ? Dis-le nous !
lui demandent Maman et Papa.

Lola pense très fort : je ne dirai rien,
ce n’est pas la peine, je ne dirai pas mes mots doux.

Mais ses joues gonflent, gonflent et, soudain, Lola s'écrie…

– Maman, Papa, je vous adore ! Je vous adore !
Je vous adore !

Lola a enfin réussi à dire ses mots doux.
Les mots doux en s'envolant font leur effet.
Aussitôt, Lola reçoit des câlins et des bisous…

Mais, en montant vers la chambre, elle est un peu inquiète:
et si demain les mots doux ne revenaient plus…